Sabine-Brigitte Pankau

VEGAN – UND KEINER MERKT'S

Fotos: Thomas Albert

Literareon

Bibliografische Information der Deutschen Nationalbibliothek:
Die Deutsche Nationalbibliothek verzeichnet diese Publikation
in der Deutschen Nationalbibliografie.
Detaillierte bibliografische Daten sind im Internet
über http://dnb.d-nb.de abrufbar.

Titelabbildung: Hintergrund: pixabay.com (https://pixabay.com/
de/hintergrund-frame-essen-k%C3%BCche-koch-1932466/)

Fotos: Thomas Albert

Printed in EU
Literareon im Herbert Utz Verlag GmbH
Tel. 089–30779693 | www.literareon.de

ISBN 978-3-8316-1970-2

Dieses Buch widme ich Molly und Micky,
den beiden Katern, nach denen wir unser
veganes Café/Restaurant benannt haben.

Frieden fängt auf dem Teller an!
Mögen alle Lebewesen glücklich sein!

Inhalt

Vegan – warum?

»Vegan ... das ist doch nur eine Modeerscheinung.« So wie glutenfrei oder 80/10/10 oder die Körnerdiät oder oder oder.

Nein. »Vegan« ist keine Modeerscheinung, es ist die Lebensweise der Zukunft. Ohne Veganismus wird die sich immer weiter vermehrende Weltbevölkerung nicht überleben können. Punkt. Hört sich übertrieben an? Mitnichten und -neffen: Veganismus ist ein Werkzeug, oder wie es heute neudeutsch heißt, ein Tool, um viele Probleme in den Griff zu bekommen: Wasserverschwendung, Ressourcenverschwendung, die Zerstörung der Weltmeere, den Treibhauseffekt, die Zerstörung der letzten noch funktionierenden Öko-Systeme, die Abholzung des Regenwaldes, den Hunger in der Welt, Krankheiten, Umweltverschmutzung und mangelnde Empathie, oder wie Tolstoi deren Auswirkungen beschrieb: »Solange es Schlachthäuser gibt, wird es Schlachtfelder geben.«

Das ist alles ein bisschen hochgegriffen? Wie soll das denn alles mit einer lumpigen Ernährungsumstellung behebbar sein?

Da man mit dem Thema Bücher füllen könnte, erläutere ich es nur kurz, sonst bliebe nachher nur noch Platz für ein einziges Rezept. ☺

Wasserverschwendung:

Pro Kilo Rindfleisch werden 15000 Liter Wasser benötigt, bis zu 10-mal so viel wie für ein Kilo Getreide oder Gemüse. Und das, wo eine Milliarde Menschen keinen Zugang zu sauberem Trinkwasser haben. In Saudi-Arabien z.B. wird sogar fossiles Wasser angebohrt, um die dortige Riesen-Massentierhaltung für Milch in der Wüste zu versorgen. Fossiles Wasser wird nicht nachgebildet wie z.B. Quellwasser. Optimistische (!) Prognosen gehen davon aus, dass dieses Wasser in 150 Jahren komplett aufgebraucht sein wird.

Ressourcenverschwendung:

Um eine Fleischkalorie zu erzeugen, braucht man bis zu neun Getreidekalorien! Das heißt durch den Umweg der »Fleischproduktion« gehen acht Kalorien einfach verloren bzw. werden in Gülle, Wärme etc. umgewandelt.

Die Zerstörung der Weltmeere:

Zum einen natürlich durch die Überfischung, um Fisch für den menschlichen Verzehr zu erhalten (2048 werden die Weltmeere übrigens leer sein!), zum anderen, um den Fang in der Massentierhaltung landen zu lassen: 46 % des weltweiten Fanges landet dort als Futtermittel.

Der Treibhauseffekt:

Der gesamte, weltweite Verkehr produziert nur halb so viele Treibhausgase wie die Massentierhaltung!

Die Abholzung des Regenwaldes:

Um Getreide und Soja für die Massentierhaltung anzubauen (NICHT für die Tofu-Produktion, wie oft behauptet wird, denn dieses Soja stammt vor allem aus Europa, nämlich Österreich und Frankreich), wird Regenwald abgeholzt. Über 70 % der weltweiten Getreide- und Sojaernte landet in der Massentierhaltung! Getreide und Soja, die in genau den Ländern, wo sie angebaut werden, hunderttausende Menschen ernähren könnte! Außerdem wird ebenfalls Regenwald abgeholzt, um darauf Rinder weiden zu lassen.

Der Hunger in der Welt:

Durch ebendiese Verschwendung müssen viele Menschen hungern. Allein mit dem Getreide, das aus AFRIKA (!) importiert wird, würde man 400 000 Menschen ernähren können. Brasilien z. B. exportiert zehn Millionen Tonnen Getreide und das, wo ein Drittel der Bevölkerung nicht ausreichend zu essen hat!

Krankheiten:

Viele Krankheiten werden heute mit dem Konsum tierischer Produkte assoziiert: Herz-Kreislauf-Erkrankungen, Diabetes, Gicht, Darmkrebs, viele andere Krebsarten, Neurodermitis und und und (dazu zu empfehlen: die »Chinastudy« von Campbell/Campbell).

Umweltverschmutzung:

Zehn Millionen Tonnen Gülle aus der Massentierhaltung landen jedes Jahr auf unseren Feldern als »Dünger« und enden in unserem Trinkwasser und in den Flüssen.

Mangelnde Empathie:

Wer Tier-Leid gegenüber so unempfänglich ist, wie empfänglich kann der gegenüber Menschenleid sein? Gottes Schöpfung so mit Füßen zu treten und dann von Weltfrieden zu erzählen, ist an Heuchelei nicht zu überbieten.

Frieden fängt auf dem Teller an! Auf DEINEM Teller!

So, das sollte als kurze Zusammenfassung reichen, das Internet ist ja mittlerweile so voll mit Informationen, dass man schon sehr naiv sein muss, um da nichts zu finden.

Warum soll's keiner merken?

Bei uns im Micky&Molly-Katzenmuseum und -Café, gegründet 2012, dem ersten veganen Café/Restaurant in Braunschweig, kreieren wir immer wieder neue Gerichte, bei denen keiner oder kaum einer merkt, dass sie vegan sind. Erst letztens auf einer Messe kam ein Mädchen zu uns und bestellte zweimal Chili con Carne, woraufhin ich sagte, wir hätten nur SIN Carne. Sie meinte dann: »Oh, dann muss ich meinen Vater erst fragen, ob er das essen mag …« Ich bot ihr an, ihm sein Essen einfach zu bringen (nachdem ich mich versichert hatte, dass er keine Sojaallergie hat) und wenn er merken würde, dass es kein CON, sondern ein SIN ist, würde sie ihr Geld zurückbekommen. Er hat es natürlich NICHT bemerkt, es hat ihm sehr gut geschmeckt und für seinen Genuss musste niemand leiden und gesünder ist es auch gewesen. Eine Win-win-win-Situation! Aber warum soll es keiner merken? Warum wir das machen, fragen viele und vielleicht auch du? Warum nicht gleich »Achtung! Das ist vegan!« schreien?

Weil wir auch Nicht-Veganer davon überzeugen wollen, dass sie auf nichts verzichten müssen, und weil es viele Veganer gibt, die gern vertraute Gerichte essen, nur ohne die negativen Begleiterscheinungen wie Tier-Leid, Umweltzerstörung, Ausbeutung der armen Länder, Bauchweh und andere Krankheiten. ☺ Und auf die Frage, die trotzdem immer wieder kommt: »Ist das denn kein Selbstbetrug?«, antworte ich: »Selbstbetrug ist es, FleischSALAT zu essen …« ☺

Was braucht ihr?

Viele Kochbücher führen jetzt erst mal alles auf, vom Kochlöffel bis zur Citrus-Presse, um nur ja die Seiten zu füllen. Ich halte euch für so pfiffig, dass ich nicht bei Adam und Eva anfangen muss. ☺

Die Rezepte sind alle ohne große Zutaten-orgie zu kochen.

Was ihr braucht, ist Soja in verschiedener Form, und zwar texturiertes Soja, das es in jedem Reformhaus, Biomarkt oder bei uns in Braunschweig im »Planet Vegan« (gleich neben dem Micky&Molly) gibt. Wenn ihr kein Geschäft bei euch in der Nähe habt, könnt ihr auch im Internet fündig werden. Das Schöne an texturiertem Soja ist: es ist fettfrei, leicht zu handeln und ewig haltbar! Es gibt es in verschiedenen Formen: Als Granulat (für Buletten und Chili etc.), als Schnetzel (für Geschnetzeltes), als Medaillons oder als Big Steaks (für Schnitzel). Außerdem braucht ihr Pflanzensahne zum Kochen (ich persönlich liebe die Hafersahne von Oatly und die Sojacuisine von Alpro; leider kauft gerade Danone Alpro/Provamel auf ...) und welche zum Backen (ich liebe da die Leha Schlagcreme), dann noch Pflanzenöl (am besten Rapsöl), Margarine (Alsan oder Deli finde ich gut) und euer ganz normales Kochequipment und Zutaten, die es überall gibt und von denen ihr die meisten eh zuhause habt!

Die Rezepte

Dieses Buch ist, genau wie mein Backbuch »Vegan backen mit Kindern und Katzen«, keine »Rezeptsammlung«, sondern befähigt euch dazu, alles, was ihr kochen wollt, mithilfe einiger Tricks hinzubekommen und alte Rezepte umzuwandeln. Es sind natürlich auch Rezepte, die ihr einfach so allein kochen könnt, aber wichtig ist, dass es um grundsätzliche Dinge geht. So muss ich dann nicht jedes Jahr ein neues Buch schreiben, in dem einfach nur neue Rezepte stehen. Aber vielleicht mach ich's. ☺

Wer jetzt sagt: »Warum denn alles mit Soja, man kann doch auch ohne diese ›Ersatzprodukte‹ kochen!«, dem sei gesagt: Klar kann man das und ich kann's auch, aber hier soll's ja nicht um tolle Rezepte aus Obst und Gemüse und Getreide etc. gehen, sondern um Fleischgerichte ohne Fleisch und Fischgerichte ohne Fisch. ☺

Queen of Everything!

SALATE, NICHT NUR AUS SALAT

Das Lustige an Salaten ist, dass man, wenn man erst mal damit angefangen hat, gar keine Rezepte mehr braucht. Man kann fast alles zusammenwürfeln und es schmeckt. Also, wenn man jetzt an Grünzeug denkt: Ob man Sellerie mit Ananas, Lauch mit Äpfeln, grünen Salat mit Granatäpfeln oder Grünkohl mit Hefeflocken und Cashews mischt, es schmeckt und die Mengenverhältnisse sind eigentlich auch egal. Deshalb gibt es hier auch nicht tausendundein Salat, sondern Salate, die eigentlich den Namen gar nicht verdienen, wie auch der zu Beginn erwähnte Fleisch»salat« …

»EIER«SALAT

Zutaten:

— 1 Dose Kichererbsen
— 200 g Hartweizen-Nudeln
— Kurkuma
— Salz und Pfeffer
— Senf
— Schnittlauch
— Majonäse – entweder fertig gekauft im Vegan-Shop ODER:
— 100 ml Sojamilch
— 300 ml Rapsöl
— Etwas Senf, Pfeffer und Salz

So geht's:

Die Nudeln in Salzwasser nach Packungsangabe kochen, die Kichererbsen abgießen. Die Kichererbsen mit dem Pürierstab pürieren, sodass sie noch leicht stückig sind. Kurkuma dazu, bis die Farbe »eigelb« ist.

Für die Majo: Rapsöl und Sojamilch zusammenkippen und mit einem Pürierstab oder mit dem Mixer so lange schlagen, bis eine fluffige Masse entsteht. Salzen, pfeffern und etwas Senf dazu: Fertig ist die Majo.

Die Nudeln abgießen und abkühlen lassen (die Majonäse zersetzt sich sonst) und ebenso pürieren, beide Massen zusammen mit der Majonäse vermischen. Etwas Senf und Pfeffer dazu und mit Schnittlauch dekorieren.

»HERINGS«SALAT (ROT ODER WEISS)

Ein Wahnsinnsrezept. Ich weiß nicht, wer da mal draufgekommen ist oder wo ich es genau herhabe, aber es ist faszinierend. Immer, wenn wir es im Micky&Molly anbieten (lecker mit Pellkartoffeln und gemischtem grünen Salat), sind unsere Gäste ungläubig: »WORAUS soll das sein?« Deshalb verrate ich es hier und jetzt.

Zutaten:

- 2 Auberginen
- Wasser
- 3 TL Salz
- 1 Apfel
- 1 Zwiebel
- 6 Gewürzgurken
- Bei ROT: ein paar eingelegte rote Beeten

Und so geht's:

Auberginen schälen und längs in Scheiben schneiden (so, dass man ca. fünf bis sechs Scheiben hat). Diese in ganz, ganz, ganz salzigem Wasser kochen, bis sie weich sind. Abgießen und abkühlen lassen. Apfel, Zwiebel und Gewürzgurken (und bei ROT die roten Beete) in kleine Würfel oder feine Streifen schneiden und vermengen. Sobald die Auberginen abgekühlt sind, alles zusammenmischen und am besten über Nacht im Kühlschrank durchziehen lassen.

Pellkartoffeln und Salat dazu – und da soll einer sagen, dass das nicht nach Hering schmeckt!

»GEFLÜGEL«SALAT

Zutaten:

— 100 g getrocknete Soja-
schnetzel
— Gemüsebrühe
— Sojasoße
— 1 Glas Majonäse (gekauft oder selbst gemacht, siehe Rezept »Herings«salat)
— 1 Glas Champignons
— 1 Glas Spargel (Ich steh auf Spargel: aus dem Glas könnte ich ihn dauernd essen, so als Snack. Ansonsten natürlich frisch mit Kartoffeln und veganer Hollandaise … hmmm.)
— 1 Dose Mandarinen
— Salz und Pfeffer

Und so geht's:

Sojaschnetzel in heißer Brühe und Sojasoße einweichen (so ca. 10 bis 15 Minuten). Abgießen und in Rapsöl scharf anbraten, sodass die Stücke leicht kross werden. Abkühlen lassen. Währenddessen die Majonäse herstellen (siehe Rezept »Eier«salat). Mandarinen abgießen, Pilze abgießen und klein schneiden (oder leckerer: Frische Pilze braten und abkühlen lassen), Spargel in kleine Stücke schneiden. Alles vermischen, mit Salz und Pfeffer abschmecken, fertig!

Suppen, sahnig und lecker

Suppen sind etwas Wunderbares, ob als Vorspeise oder als Hauptgericht, ob warm oder kalt. Wenn man erst einmal eine Zeit lang z.B. Cremesuppen gekocht hat (liebe ich), dann braucht man keine Rezepte mehr, man weiß, was man zusammenwerfen kann und was nicht. So eine Linsensuppe nach Mutters Art, wenn es kalt ist, oder eine schöne Karotten-Kokossuppe oder eine Gazpacho bei Hitze, roh und gesund … einfach gut.

LINSENEINTOPF

Zutaten:

- 250 g getrocknete Linsen (Tellerlinsen, geht dann alles viel schneller)
- 1 Bund Suppengrün
- 5 Kartoffeln
- Gemüsebrühe (aus dem Glas oder selbst gemacht, aber dafür bin ich zu Hause oft zu faul)
- Veganes »Maggi« (gibt's im Bioladen oder im »Planet Vegan«)
- Thymian gerebelt (viel)
- Flüssiger Rauch (gibt's in jedem Vegan-Shop)

Und so geht's:

Kartoffeln und Suppengrün durch die Küchenmaschine jagen (kleine Streifen oder Würfelchen). Mit der Gemüsebrühe und den Linsen in einen großen (!) Topf tun. 30 Minuten köcheln lassen (oder länger, viel länger; je länger, desto leckerer ☺), Thymian, »Maggi« und Rauch dazu, das geht ganz nach Geschmack, manche Leute mögen z. B. den Rauchgeschmack nicht so, da muss man einfach experimentieren. Am besten über Nacht in den Kühlschrank und aufwärmen, schmeckt dann einfach noch besser. Eventuell vegane (Rauch-) Würstchen dazu, einfach mega!

ERBSEN-MINZE-SUPPE

Zutaten:

— 500 g Erbsen (frisch oder TK)
— 1 Bund Minze (im Notfall geht auch Nane aus dem türkischen Supermarkt)
— 1 Salatkopf
— Sojasahne
— Salz und Pfeffer
— Gemüsebrühe

Und so geht's:

Unfassbar einfach: Alles zusammen, außer der Sahne, in einen Topf tun und 15 Minuten kochen. ☺ Dann die Sahne hinzufügen.

Kichererbsen-Spinat-Suppe

Zutaten:

— 1 Zwiebel
— 3 Knoblauchzehen
— 1 TL Kumin (Kreuzkümmel, das ist der, der riecht wie ungewaschene Füße)
— 1 TL Kurkuma (das ist das, was alles gelb färbt, also aufpassen)
— 1 TL Paprika (scharf)
— ½ TL Zimt
— 1 große Dose Kichererbsen
— 1 Liter Gemüsebrühe
— 1 Packung TK-Spinat (oder frisch), Achtung: Drauf achten, dass da wirklich keine Kuh-Sahne oder sonst was Merkwürdiges drin ist!
— Öl zum Anbraten der Gewürze

So geht's:

Zwiebel und Knoblauch klein hacken und zusammen mit den Gewürzen in Öl anbraten, bis es duftet und die Zwiebel glasig ist. Sodann mit Brühe auffüllen und die Kichererbsen und den Spinat (besser vorher auftauen) dazugeben. Aufkochen und dann köcheln lassen, möglichst lange, schmeckt einfach besser. Wer mag, kann auch noch Minze dazugeben (frisch oder, aus dem türkischen Laden, getrocknet).

HAUPTGERICHTE, HAUSMANNS-KOST UND EXOTISCH

Klar, das Wichtigste und vor allem auch der Teil des Menüs, wo den Omnivoren das Fleisch am meisten fehlt. Deshalb frisch ans Werk und keiner wird etwas vermissen. Ob Schnitzel oder Bulette, ob klassisch oder exotisch, mit Seitan und Soja ist fast jedes Gericht leicht und vor allem schnell zubereitet. Klar, ein Steak kann man nicht faken, aber alles andere.

SCHNITZEL

Zutaten:

— 4 getrocknete Big Steaks (Soja-schnitzel)
— 200 g Paniermehl
— 3 EL Mehl
— ⅓ Liter Wasser
— Salz und Pfeffer
— Paprikapulver (scharf oder Rosenpaprika, je nachdem, was ihr lieber mögt)
— Öl zum Braten
— 6 EL Sojasoße
— 1 Liter Gemüsebrühe

Und so geht's:

Die Big Steaks in heißer Brühe und Sojasoße einweichen. Mindestens 20 Minuten, sodass sie sich komplett mit Flüssigkeit vollgesogen haben. Aus Mehl, Wasser, Salz, Pfeffer und Paprika eine wässrige Masse rühren. Die Big Steaks abtropfen lassen (nicht ausdrücken, das macht das Schnitzel trocken. Auch, wenn es in Rezepten immer so gemacht wird: lassen. ☺) und in der Masse wenden. Danach in Paniermehl wenden und in viel Öl braten. Das dauert ca. zehn Minuten bei mittlerer Hitze.

Die fertigen Schnitzel dann mit Zitronenscheiben à la »Wiener Schnitzel« servieren oder mit einer der Soßen aus dem Kapitel »Soßen für alles und jedes« oder mit Pommes frites oder mit Bratkartoffeln oder in Stücke geschnitten und mit Jägersoße als Jägertopf ohne Jagd oder …

Burger-Bratlinge / Buletten / Frikadellen / »Fleisch«pflanzerl

Zum Thema Bratlinge gibt es eine endlose Auswahl: Bratlinge aus Kidneybohnen, aus roter Beete, aus Kichererbsen, aus Seitan, aus Soja und und und. Ich habe hier die Variante »aus Sojagranulat und Seitan« gewählt, weil ich finde, sie kommt der Fleischvariante am nächsten.

Zutaten:

— 100g Sojagranulat
— Sojasoße
— Gemüsebrühe
— 4EL Seitanpulver (Gluten)
— 4EL Sojamehl
— 4EL Paniermehl
— Salz und Pfeffer
— 3EL Senf
— 2 gehackte Zwiebeln
— Öl zum Braten

Und so geht's:

Das Sojagranulat in heißer Gemüsebrühe und Sojasoße einweichen (nur so viel nehmen, dass alles aufgesaugt wird, also so nach und nach dazukippen), dann die restlichen Zutaten dazugeben (Seitan gleichmäßig drüberstreuen, sonst wird es gleich ein fester Klumpen, der sich nicht mehr verteilen lässt). Gut verkneten und probieren, ob es würzig genug ist. Dann eine Probebulette formen und in heißem Öl braten. Wenn sie auseinanderfällt, mehr Seitan und mehr Sojamehl dazugeben. Alle schön nacheinander braten. Halten sich gut gekühlt bis zu einer Woche im Kühlschrank. Senf dazu oder, wie gesagt, als Burger zubereiten. LECKER und keiner merkt, dass (schluchz) kein Fleisch drin ist.

Geschnetzeltes

Zutaten:

- 100 g Sojaschnetzel
- 500 ml Sojasahne
- 2 gehackte Zwiebeln
- Gemischte Kräuter
- Salz und Pfeffer
- Sojasoße
- Gemüsebrühe
- Wer mag: Pilze

Und so geht's:

Die Sojaschnetzel in heißer Gemüsebrühe und Sojasoße zehn bis 15 Minuten einweichen, dann abgießen. Öl erhitzen und die Schnetzel, zusammen mit den gehackten Zwiebeln, scharf anbraten. Wer Pilze mag: in Scheiben schneiden und dazugeben und braten. Die Schnetzel am besten portionsweise braten, sodass auch alles schön angebraten werden kann (das Ganze schmeckt zwar auch so, aber gut angebraten ist halb gewonnen). Alle übrigen Zutaten dazugeben und 20 Minuten köcheln lassen, damit die Sahne andickt. Ich benutze nur im Notfall Sachen wie Speisestärke oder Mehl zum Andicken, weil ich finde, die machen leicht einen »mehligen« Geschmack.

SATAYSPIESSE

Zutaten:

Für den Seitan:

- 200 g Gluten (Seitanfix)
- 2 TL gemahlener Koriander
- 1 TL gemahlenes Zitronengras
- ½ TL Chilipulver
- 1 TL Salz
- 50 ml Sojasoße
- 300 ml Wasser
- 1 EL Sesamöl
- 1 EL Zucker

Für die Marinade:

- 200 ml Wasser
- 5 Schalotten
- 2 Knoblauchzehen
- 50 ml Sojasoße
- 2 EL Zucker
- 1 EL gemahlener Koriander
- ½ EL Chilipulver
- ½ EL gemahlenes Zitronengras
- 1 TL Kurkuma
- 2 EL Sesamöl

Und so geht's:

Die trockenen Zutaten für die Spieße vermischen, dann die feuchten Zutaten vermischen. Dann beide zusammen so schnell es geht zu einem Teigklumpen verarbeiten, das geht am besten per Hand. Schnell deshalb, weil das Seitanpulver sich sonst mit der nächstbesten Flüssigkeit zu einem harten Klumpen vereinigt, den man nicht mehr weiterverarbeiten kann.

Den Klumpen in kleine Fetzen rupfen (so wie z.B. Hühnerfleisch, das man aufspießen würde) und auf ein Backblech legen.

Die Zutaten für die Marinade ebenfalls zusammenrühren und über die Seitanfetzen geben. Das Ganze bei 150 Grad Umluft zehn bis 15 Minuten backen. Dabei ausprobieren, ob die Seitanstücke nicht zu fest werden, sie trocknen noch nach und können dann schnell hart werden.

Danach die Stücke auf Holzspieße stecken und z.B. mit einer Soße aus Erdnussbutter, Ketchup und Knoblauch reichen.

Man kann natürlich auch andere Gewürze nehmen oder weniger. ☺

CHILI SIN CARNE

Zutaten:

— 100 g Sojagranulat
— Sojasoße
— Gemüsebrühe
— 1 Dose Kidneybohnen
— 1 Dose Mais
— 1 Dose Kichererbsen
— 1 Dose passierte Tomaten
— 2 Zwiebeln
— Öl zum Braten

Gewürze: Wenn man's scharf mag, so. Wenn man's nicht ganz so scharf mag: ausprobieren. ☺

— 1 TL Chilipulver
— ½ TL Knoblauchpulver
— ½ TL Chiliflocken
— ½ TL Oregano
— 1 TL Paprikapulver
— 2 TL Kreuzkümmel
— 1 TL Salz
— 1 TL Pfeffer

Und so geht's:

Sojagranulat in heißer Brühe und Sojasoße einweichen. In etwas Öl anbraten. Danach alle Zutaten dazugeben und kochen (ca. eine Stunde). Am besten schmeckt es, wenn man es dann in den Kühlschrank stellt und am nächsten Tag aufwärmt. ☺

PAPRIKA-SOJA-GULASCH

- 100 g Sojawürfel
- Sojasoße
- Gemüsebrühe
- 1 Dose Pilze (oder 300 g frisch gebratene)
- 1 Dose passierte Tomaten
- 2 rote Paprikaschoten
- Senf
- 200 ml Rotwein
- 400 ml Sojasahne
- 2 gehackte Zwiebeln
- GEWÜRZE: alle gemahlen
- 1 TL Paprikapulver (scharf)
- 1 TL Paprikapulver (süß)
- 1 TL Salz
- 2 EL Majoran
- 1 TL Pfeffer
- ½ TL Kümmel

So geht's:

Die Sojawürfel in heißer Brühe und Sojasoße einweichen (15–20 Minuten). Die gehackten Zwiebeln in Öl anbraten und die Sojawürfel dazugeben. Ebenfalls anbraten, sodass sie außen etwas kross werden. Alle anderen Zutaten dazugeben und eine Stunde kochen. Schmeckt am nächsten Tag noch besser.

NO-HUHN-FRIKASSEE

Zutaten:

- 200 g Sojaschnetzel
- 1 Zwiebel
- 300 ml Sojasahne
- 1 Dose Erbsen
- 1 Dose Möhren
- 1 Dose Champignons
- Salz und Pfeffer

Und so geht's:

Sojaschnetzel in heißer Brühe und Sojasoße einweichen. Gehackte Zwiebel in Öl anbraten und die Sojaschnetzel dazugeben. Leicht anbraten. Dann alle anderen Zutaten dazugeben und eine halbe Stunde köcheln lassen.

GYROS

Zutaten:

- 200 g Sojaschnetzel
- Heiße Brühe
- Sojasoße
- 1 große Zwiebel (in Streifen)
- Rapsöl
- ½ TL Koriander (gemahlen)
- ½ TL Pfeffer (gemahlen)
- 1 TL Thymian (gerebelt)
- 1 TL Kreuzkümmel (gemahlen)
- ½ TL Chilipulver
- 1 TL Oregano
- 1 TL Majoran
- 1 TL Paprikapulver

Und so geht's:

Die Sojaschnetzel in Brühe und Sojasoße einweichen. Nach zehn Minuten abgießen. Das Öl erhitzen und die Schnetzel und die Zwiebelstreifen portionsweise mit den Gewürzen (am besten vorher mischen) braten. Damit es richtig gut schmeckt: viel Öl benutzen und lange braten. Mit Sojajoghurtsoße (Sojajoghurt, Knoblauch, Salz, Pfeffer und Petersilie mischen) und Fladenbrot und Krautsalat servieren. Megalecker!

SOSSEN FÜR ALLES UND JEDES

Ich bin ein Soßen-Fan. Einfach Kartoffeln oder Klöße und ganz viel Soße. Da bin ich schon glücklich. ☺

Die Grundsoße weiter unten kann man beliebig verändern, dann muss ich nicht für jede Soße eine neue Seite verschwenden. ☺

BOLOGNESE

Zutaten:

— 100 g Sojagranulat
— 1 Dose gehackte Tomaten (oder 500 g frische Tomaten, selber gehackt)
— Olivenöl
— Gemüsebrühe
— Sojasoße
— 1 TL Oregano
— 1 TL Basilikum
— 1 TL Thymian
— 1 TL Rosmarin

Und so geht's:

Das Sojagranulat in heißer Brühe und Sojasoße einweichen. Zusammen mit den restlichen Zutaten ein bis zwei Stunden köcheln lassen.

Dinkel
Natumi
Spelt
rein pflanzlich
pure vegetable
laktosefrei*
bio
VEGAN
organic
ecomil
Cuisine
Amande - Mandel
Almond - Almendra
MEILLEUR
BIO
2016
BIO
Vegan
Without - Sans - Sin
Gluten - Lactose
Hafer
Natumi
Natumi
Hafer
Cuisine
Avena • Oat
Owies
rein pflanzlich
pure vegetable
laktosefrei*
lactose free
8% Fett
bio
VEGAN
organic
100%
16% Fett
Aufschlagbar*
Soja
100%
Organic Bio
Provamel
SOYA
CUISINE
AUFSCHLAGBAR
18% Fett
BIO

SAHNESOSSEN TAUSENDUNDEINE ART

Zutaten:

— 250 ml Sojasahne oder Hafersahne (ich mag Sojasahne lieber)
— Salz
— Pfeffer
— 1 Zwiebel
— Olivenöl
— 2 EL Mehl
— 1 EL Margarine
— 250 ml Wasser

Und so geht's:

Die gehackte Zwiebel in Öl anbraten. Beiseitestellen. Die Margarine schmelzen und das Mehl einrühren (Mehlschwitze), mit Wasser auffüllen und gut verrühren, bis keine Klumpen mehr da sind. Sojasahne, Zwiebel, Salz und Pfeffer dazu.

Varianten:

— 2 EL gehackte Kräuter dazu

— 1 TL Currypulver und etwas Kreuzkümmel dazu

— 1 EL Senf dazu

— Gehackte, angebratene Pilze dazu

GEBÄCK, EINFACH UND SÜSS

Ich stehe ja auf Süßes. Wenn ich die Wahl habe zwischen süß und herzhaft, ist das schnell entschieden. Als ich mit meiner Schwiegermutter auf Reisen war in Südengland und wir so durch die Gegend gewandert sind durch diese wunderbar puppigen Orte, kam die Frage auf: Was essen wir? Kuchen oder Mittag? Antwort war bei uns beiden: Kuchen. ☺

Russischer Zupfkuchen

Zutaten:

Boden und Streusel:

- 300 g Mehl
- 200 g Margarine
- 100 g Zucker
- 2 EL Kakao

Füllung:

- 1 200 g Sojajoghurt
- 200 g Margarine
- 200 g Zucker
- 5 gehäufte EL Puddingpulver

Und so geht's:

Mehl, Margarine, Zucker und Kakao verkneten. Zwei Drittel davon in eine Springform geben (um den Kuchen gut aus der Form zu bekommen, am besten ein Stück Backpapier in die Springform einklemmen, das erspart jegliches Fetten, die Seiten gehen von alleine raus).

Die Margarine schmelzen und mit den anderen Zutaten vermengen. Die Füllung in die Springform geben und mit dem restlichen Teig (in Fetzen) bedecken. 90 Minuten bei 175 Grad Umluft backen.

»Käse«Kuchen

Zutaten:

Boden (kann man auch weglassen, der Kuchen schmeckt auch ohne Boden und gelingt auch und ist dann glutenfrei!)

— 300 g Mehl
— 200 g Margarine
— 100 g Zucker

Füllung:

— 1.200 g Sojajoghurt
— 300 g Margarine
— 150 g Zucker
— 5 gehäufte EL Puddingpulver
— 1 EL Zitronensaft
— 1 Dose Mandarinen oder Ananas oder TK-Heidelbeeren

Und so geht's:

Mehl, Margarine und Zucker verkneten und in eine Springform geben (um den Kuchen gut aus der Form zu bekommen, am besten ein Stück Backpapier in die Springform einklemmen, das erspart jegliches Fetten, die Seiten gehen von alleine raus).

Die Margarine schmelzen und mit den anderen Zutaten (außer dem Obst) vermengen. Obst darüber verteilen. 90 Minuten bei 175 Grad Umluft backen.

CUPCAKES

Zutaten:

— 300 g Mehl
— 80 g Zucker
— 400 ml Sojamilch
— 1 TL Backpulver
— 1 TL Vanillezucker
— 125 g weiche Margarine

Und dann wahlweise:

— 1 EL Schokostreusel
— 1 TL Kakao
— 1 EL gemahlene Nüsse
— Ganz viel Zitronenschale und etwas Zitronensaft

Oder oder oder dazugeben …

Und so geht's:

Alle Zutaten vermengen und in Muffinförmchen füllen, die man in ein Muffinblech gesetzt hat. Bei 175 Grad Umluft 20 Minuten backen.

MÜRBETEIG FÜR ALLES UND JEDES ZU GEBRAUCHEN

Zutaten:

— 300 g Mehl
— 200 g Margarine
— 100 g Zucker

Das ist der berühmte 3:2:1-Teig, für alles und jedes zu gebrauchen.

Und so geht's:

Die Zutaten am besten mit der Küchenmaschine verkneten. Es ist unnötig, eine Reihenfolge oder Temperatur einzuhalten, jedenfalls mache ich das nie und alles wird wunderbar. Der Teig hält sich im Kühlschrank fünf Tage.

Den Teig kann man benutzen für: Böden von Käse- oder Zupfkuchen, für jede Art von Plätzchen (einfach Nüsse oder Zitronenschale oder Kakao dazu) …

»BUTTER«CREMETORTE

Zutaten:

Teig:

- 480 g Mehl
- 200 g Zucker
- 300 ml Wasser
- 100 ml Orangensaft
- 2 TL Backpulver
- 120 ml Rapsöl

Füllung:

- 200 g Margarine
- 100 g TK-Himbeeren
- 100 g Puderzucker

Und so geht's:

Zutaten für den Teig vermengen und in eine Springform geben. Bei 175 Grad Umluft 30 Minuten backen.

Die Margarine mit dem Puderzucker und den Himbeeren in eine Küchenmaschine geben und verrühren. Am Anfang sieht es aus, als ob es nix würde, aber einfach weiterrühren, kann 20 Minuten dauern, dann ist es eine schöne, fluffige Masse.

Den ausgekühlten Boden quer durchschneiden und mit der Creme füllen und verzieren. Man kann statt Himbeeren auch einfach Kakao nehmen, für eine Schokobuttercreme, oder gemahlene Nüsse für eine Nusscreme oder oder oder.

Über die Autorin

Sabine-Brigitte Pankau wurde am 12. Februar 1969 als einziges Kind von Rafet Öztürk und Christel Pankau in Schleswig-Holstein geboren. Nach dem Besuch des Helene-Lange-Gymnasiums studierte sie Erziehungswissenschaft an der TU Braunschweig (mit Abschluss Diplom). Sie ist erste Vorsitzende des Vereins Tier-Time e.V. und Betreiberin des veganen Cafes »Micky&Molly« in Braunschweig. Ihre Hobbys sind Reisen, Reisen, Reisen, Tierrechtsarbeit, Kochen, Backen und Lesen.

Die Autorin absolvierte ein freiwilliges soziales Jahr in einer Behindertenwerkstatt in Kiel, hat 10 Jahre ehrenamtlich in einem Jugendzentrum mit ausländischen Jugendlichen gearbeitet und zwei Jahre mit Lese- und Rechtschreibschwachen Kindern.

Sie hat 5 Jahre ehrenamtlich im Oxfam-Shop in Braunschweig gearbeitet.